EMPFOHLENES BUCH:

Wer bist du wirklich?
Ein Guide zu den 16 Persönlichkeitstypen
ID16™©

Jarosław Jankowski

Wieso sind wir so verschieden? Wieso nehmen wir auf unterschiedliche Art Informationen auf, entspannen anders, treffen anders Entscheidungen oder organisieren auf verschiedene Weiseunser Leben?

„Wer bist du wirklich?" erlaubt es Ihnen, sich selbst und andere Menschen besser zu verstehen. Der im Buch enthaltene Test ID16 hilft Ihnen dabei, Ihren Persönlichkeitstyp festzustellen.

Ihr Persönlichkeitstyp:
Moderator
(ESFP)

Ihr Persönlichkeitstyp:
Moderator
(ESFP)

Serie ID16$^{TM©}$

JAROSŁAW JANKOWSKI

Ihr Persönlichkeitstyp: Moderator (ESFP)

Diese Veröffentlichung hilft Ihnen, Ihr Potenzial besser zu nutzen, gesunde Beziehungen zu anderen Menschen aufzubauen und richtige Entscheidungen auf Ihrem Bildungs- und Berufsweg zu treffen. Sie sollte aber keineswegs als Ersatz für eine fachliche psychologische oder psychiatrische Beratung angesehen werden.

Der Autor sowie der Herausgeber übernehmen keine Haftung für eventuelle Schäden, die aufgrund der Nutzung dieser Publikation entstanden sind.

ID16™© ist eine vom Autor geschaffene Persönlichkeitstypologie, die nicht mit Typologien und Tests anderer Autoren oder Institutionen verglichen werden kann.

Aus Gründen der Lesbarkeit wurde im Text die männliche Form gewählt, nichtsdestoweniger beziehen sich die Angaben auf Angehörige beider Geschlechter.

Originaltitel: Twój typ osobowości: Prezenter (ESFP)

Übersetzung aus dem Polnischen: Wojciech Dzido, Lingua Lab, www.lingualab.pl

Redaktion: Martin Kraft, Lingua Lab, www.lingualab.pl

Technische Redaktion: Zbigniew Szalbot

Herausgeber: LOGOS MEDIA

© Jarosław Jankowski 2018-2023

Druckausgabe: ISBN 978-83-7981-147-2
eBook (EPUB): ISBN 978-83-7981-148-9
eBook (MOBI): ISBN 978-83-7981-149-6

Inhaltsverzeichnis

Einführung 9

ID16™© im Kontext Jungscher
Persönlichkeitstypologien 11

Der Moderator (ESFP) 16

    Profil 16

    Allgemeines Charakterbild 18

    Sozialer Aspekt der Persönlichkeit 26

    Arbeit und Karriere 31

    Potenzielle starke und schwache Seiten ... 35

    Persönliche Entwicklung 38

    Bekannte Personen 41

Die 16 Persönlichkeits- typen im Überblick 43

    Der Animateur (ESTP) 43

    Der Anwalt (ESFJ) 45

    Der Berater (ENFJ) 46

- Der Betreuer (ISFJ) 48
- Der Direktor (ENTJ) 49
- Der Enthusiast (ENFP) 51
- Der Idealist (INFP) 52
- Der Inspektor (ISTJ) 54
- Der Künstler (ISFP) 55
- Der Logiker (INTP) 57
- Der Mentor (INFJ) 58
- Der Moderator (ESFP) 60
- Der Praktiker (ISTP) 61
- Der Reformer (ENTP) 63
- Der Stratege (INTJ) 64
- Der Verwalter (ESTJ) 66

Anhang 68

- Die vier natürlichen Veranlagungen 68
- Geschätzter Anteil der einzelnen Persönlichkeitstypen an der Bevölkerung (in %) 70
- Geschätztes prozentuales Verhältnis von Frauen und Männern je nach Persönlichkeitstyp 71

Literaturverzeichnis 72

Einführung

Ihr Persönlichkeitstyp: Moderator (ESFP) stellt ein außergewöhnliches Nachschlagewerk zum *Moderator* dar, einem der 16 Persönlichkeitstypen ID16™©. Dieser Guide ist Teil der Serie ID16™©, die aus 16 Bänden besteht, die den einzelnen Persönlichkeitstypen gewidmet sind. Sie liefern auf eine ausführliche und verständliche Art und Weise Antworten auf folgende Fragen:

- Wie denken und fühlen Menschen, die zum jeweiligen Persönlichkeitstyp gehören? Wie treffen sie Entscheidungen? Wie lösen sie Probleme? Wovor haben sie Angst? Was stört sie?

- Mit welchen Persönlichkeitstypen kommen sie gut klar, mit welchen hingegen nicht? Was für Freunde, Lebenspartner, Eltern sind diese Menschen? Wie werden sie von anderen betrachtet?

IHR PERSÖNLICHKEITSTYP: MODERATOR (ESFP)

- Was für berufliche Voraussetzungen haben sie? In was für einem Umfeld arbeiten sie am effektivsten? Welche Berufe passen am besten zu ihrem Persönlichkeitstyp?
- Was können sie gut und an welchen Fähigkeiten müssen sie noch feilen? Wie können sie ihr Potenzial ausschöpfen und Fallen aus dem Weg gehen?
- Welche bekannten Personen gehören zum jeweiligen Persönlichkeitstyp?
- Welche Gesellschaft verkörpert die meisten Charakterzüge des jeweiligen Typs?

In diesem Buch finden Sie ebenso die wichtigsten Informationen zur Persönlichkeitstypologie ID16™©.

Wir hoffen, dass es Ihnen dabei hilft, sich selbst und andere Menschen besser zu verstehen und kennenzulernen.

DIE HERAUSGEBER

ID16™©
im Kontext Jungscher Persönlichkeitstypologien

ID16™© gehört zur Familie der sog. Jungschen Persönlichkeitstypologien, die auf der Theorie von Carl Gustav Jung (1875-1961) basieren – einem Schweizer Psychiater und Psychologen und einem der wichtigsten Vertreter der sog. Tiefenpsychologie.

Auf Grundlage langjähriger Forschungen und Beobachtungen kam Jung zur Schlussfolgerung, dass die Unterschiede in der Haltung und den Vorlieben von Menschen nicht zufällig sind. Er erschuf daraufhin die heute bekannte Unterscheidung in Extrovertierte und Introvertierte. Ferner unterschied Jung vier Persönlichkeitsfunktionen, die zwei gegensätzliche Paare bilden: Empfindung – Intuition und Denken – Fühlen. Jung betonte, dass in jedem dieser Paare eine der Funktionen dominierend ist. Er kam zur Einsicht, dass die dominierenden Eigenschaften eines jeden Menschen stetig und unabhängig von externen Bedingungen sind, ihre Resultante hingegen der jeweilige Persönlichkeitstypus ist.

Im Jahre 1938 erschufen zwei amerikanische Psychiater, Horace Gray und Joseph Wheelwright, den ersten Persönlichkeitstest, der auf der Theorie von Jung basierte und die Bestimmung dominierender Funktionen in den drei von ihm beschriebenen Dimensionen ermöglichte: **Extraversion-Introversion**, **Empfindung-Intuition** sowie **Denken-Fühlen**. Dieser Test wurde zur Inspiration für andere Forscher. Im Jahre 1942, ebenfalls in den USA, begannen wiederum Isabel Briggs Myers und Katharine Briggs ihren eigenen Persönlichkeitstest anzuwenden. Sie erweiterten das klassische, dreidimensionale Modell von Gray und Wheelwright um eine vierte Dimension: **Bewertung-Beobachtung**. Die meisten der späteren Typologien und Persönlichkeitstests, die auf der Theorie von Jung basierten, übernahmen daraufhin auch diese vierte Dimension. Zu ihnen gehört auch u. a. die amerikanische Studie aus dem Jahre 1978 von David W. Keirsey sowie der Persönlichkeitstest von Aušra Augustinavičiūtė aus den 1970er Jahren. In den folgenden Jahrzehnten folgten Forscher aus der ganzen Welt, womit sie weitere vierdimensionale Typologien und Tests erschufen, die an lokale Bedingungen und Bedürfnisse angepasst wurden.

Zu dieser Gruppe gehört die unabhängige Persönlichkeitstypologie ID16™©, die in Polen vom Pädagogen und Manager Jarosław Jankowski erarbeitet wurde. Diese Typologie, die im ersten Jahrzehnt des 21. Jahrhunderts veröffentlicht wurde, basiert ebenfalls auf der klassischen Theorie von Carl Gustav Jung. Ähnlich wie auch andere moderne Jungsche

Typologien reiht sie sich in die vierdimensionale Persönlichkeitsanalyse ein. Im Falle von ID16™© werden diese Dimensionen als **vier natürliche Veranlagungen** bezeichnet. Diese Veranlagungen haben einen dichotomischen Charakter, ihre Charakteristik hingegen liefert Informationen über die Persönlichkeit eines Menschen. Die Analyse der ersten Veranlagung hat die Bestimmung einer dominierenden **Lebensenergiequelle** zum Ziel (äußere oder innere Welt). Die zweite Veranlagung wiederum bestimmt die dominierende Art und Weise, wie **Informationen aufgenommen werden** (mithilfe von Sinnen oder Intuition). Die dritte Veranlagung hingegen determiniert die dominante **Entscheidungsfindung** (Verstand oder Herz). Die Analyse der letzten Veranlagung schlussendlich liefert den dominanten **Lebensstil** (organisiert oder spontan). Die Kombination aller natürlichen Veranlagungen ergibt im Endresultat einen von **16 möglichen Persönlichkeitstypen**.

Eine besondere Eigenschaft der Typologie ID16™© ist ihre praktische Dimension. Sie beschreibt die einzelnen Persönlichkeitstypen in der Praxis – auf der Arbeit, im Alltag oder in zwischenmenschlichen Kontakten und Beziehungen. Diese Typologie konzentriert sich nicht auf die innere Dynamik der Persönlichkeit und versucht nicht, eine theoretische Erklärung für innere, unsichtbare Prozesse zu finden. Viel mehr versucht sie zu erläutern, wie die jeweilige Persönlichkeit nach außen wirkt und welchen Einfluss sie auf ihr Umfeld nimmt. Diese Fokussierung auf den sozialen Aspekt einer jeden Persönlichkeit stellt eine Gemeinsamkeit mit der o. g. Typologie von Aušra Augustinavičiūtė dar.

IHR PERSÖNLICHKEITSTYP: MODERATOR (ESFP)

Jeder der 16 Persönlichkeitstypen ID16™© ist eine Resultante natürlicher Veranlagungen des Menschen. Die Zuschreibung zum jeweiligen Typus birgt aber keine Bewertung. Keiner der Typen ist besser oder schlechter als die anderen. Jeder von ihnen ist schlichtweg anders und verfügt über seine eigenen starken und schwachen Seiten. ID16™© erlaubt es, diese Unterschiede zu identifizieren und sie zu beschreiben. Er hilft einem dabei sich selbst zu verstehen und seinen Platz auf dieser Welt zu finden.

Die Tatsache, dass Menschen ihr eigenes Persönlichkeitsprofil kennen, erlaubt es ihnen, voll und ganz ihr Potenzial zu nutzen und an all jenen Gebieten zu arbeiten, die ihnen Probleme bereiten könnten. Es ist eine unschätzbare Hilfe im Alltag, bei der Suche nach Problemlösungen, beim Aufbau gesunder zwischenmenschlicher Beziehungen sowie bei der Entscheidungsfindung auf dem Bildungs- und Berufsweg.

Die Identifizierung des Persönlichkeitstypus ist kein willkürlicher oder mechanischer Prozess. Jeder Mensch ist als „Inhaber und Nutzer seiner Persönlichkeit" in vollem Maße kompetent zu entscheiden, zu welchem Typus er gehört. Somit haben Menschen eine Schlüsselrolle in diesem Prozess. Solch eine Selbstidentifizierung kann zum einen dadurch erfolgen, dass man sich die Beschreibungen aller 16 Persönlichkeitstypen durchliest und schrittweise die Auswahl einengt. Zum anderen kann man aber auch den schnelleren Weg wählen und den Persönlichkeitstest ID16™© ausfüllen. Auch in diesem Falle spielt der „Nutzer einer Persönlichkeit" die Schlüsselrolle, denn das Ergebnis des Tests hängt einzig und allein von seinen Antworten ab.

ID16™© IM KONTEXT

Die Identifizierung soll dabei helfen, sich selbst und andere zu verstehen, wenngleich sie keinesfalls als Orakel für die Zukunft angesehen werden sollte. Der Persönlichkeitstyp sollte zudem nie unsere Schwächen oder schlechte Beziehungen zu anderen Menschen rechtfertigen (obwohl er helfen sollte, die Gründe hierfür zu verstehen)!

Im Rahmen von ID16™© wird die Persönlichkeit nie als statisch, genetisch determinierter Zustand verstanden, sondern als Resultante angeborener und erworbener Eigenschaften. Solch eine Perspektive vernachlässigt nicht den freien Willen und kategorisiert nicht. Sie eröffnet viel mehr neue Perspektiven und regt zur Arbeit an sich selbst an, indem sie Bereiche aufzeigt, in denen dies am meisten benötigt wird.

Der Moderator (ESFP)

PERSÖNLICHKEITSTYPOLOGIE ID16™©

Profil

Lebensmotto: *Heute ist der richtige Zeitpunkt!*

Optimistisch, energisch und offen gegenüber Menschen. *Moderatoren* sind lebenslustig und haben gerne Spaß. Sie sind praktisch, zugleich aber auch flexibel und spontan. Sie mögen Veränderungen und neue Erfahrungen. Einsamkeit, Stagnation und Routine hingegen vertragen sie eher schlecht. *Moderatoren* mögen es, im Zentrum der Aufmerksamkeit zu stehen.

Sie verfügen über ein natürliches Schauspieltalent und über die Gabe, interessant und packend zu berichten. Indem sie sich auf das Hier und Jetzt konzentrieren verlieren sie manchmal langfristige Ziele aus den Augen. Sie neigen dazu, Konsequenzen ihres Handelns nicht richtig einschätzen zu können.

DER MODERATOR (ESFP)

Natürliche Veranlagungen des *Moderators*

- Die Quelle seiner Lebensenergie: seine äußere Welt.
- Informationsaufnahme: Sinne.
- Art und Weise wie Entscheidungen getroffen werden: Herz.
- Lebensstil: spontan.

Ähnliche Persönlichkeitstypen

- *Anwalt*
- *Künstler*
- *Betreuer*

Statistische Angaben

- *Moderatoren* stellen ca. 8-13 % der Gesellschaft dar.
- Unter *Moderatoren* überwiegen Frauen (60 %).
- Das Land, welches dem Profil des *Moderators* entspricht, ist Brasilien.[1]

Buchstaben-Code

Der universelle Code des *Moderators* ist in den Jungschen Persönlichkeitstypologien ESFP.

---

[1] Dies bedeutet nicht, dass alle Einwohner von Brasilien zu dieser Gruppe gehören, wenngleich die brasilianische Gesellschaft – als Ganzes – viele charakteristische Eigenschaften der *Moderatoren* verkörpert.

IHR PERSÖNLICHKEITSTYP: MODERATOR (ESFP)

Allgemeines Charakterbild

Moderatoren sind überaus optimistisch und spontan. Sie vermögen es, den Augenblick zu genießen und möchten so gut es nur geht ihr Leben ausnutzen. Sie lieben Veränderungen, neue Erfahrungen und Überraschungen. Wenn sich *Moderatoren* für etwas engagieren, bringen sie all ihre Energie dafür auf. Sie mögen es, dort zu sein, wo etwas passiert.

In den Augen anderer Menschen

Moderatoren mögen Menschen und vermögen es, sich wahrhaftig über jedes Treffen und jedes Gespräch zu freuen. Der Kern ihrer Beziehungen zu anderen Menschen ist die Sorge um andere Menschen sowie das gemeinsame Vergnügen. Ihr Optimismus, ihre Offenheit und ihre Fähigkeit, sich am Leben zu erfreuen, rufen Bewunderung bei anderen Menschen aus (nicht selten bewirken sie, dass auch andere Menschen positiver denken).

Üblicherweise strotzen *Moderatoren* nur so vor Energie und sind die Seele der Gesellschaft. Wo auch immer sie auftauchen, ziehen sie die Aufmerksamkeit anderer Menschen auf sich. In ihrer Gesellschaft amüsieren sich Menschen ausgezeichnet und vergessen all ihre Probleme, wobei sie manchmal auch das Gefühl haben, dass sie an einer Aufführung teilnehmen. *Moderatoren* haben nämlich einen hervorragenden Sinn für Humor und natürliches Schauspieltalent. Sie vermögen es auf eine unglaublich bunte Art die Realität zu kommentieren und über ihre zahlreichen Abenteuer zu erzählen. Wenn sie Zuhörer haben, können sie stundenlang erzählen, wobei sie zahlreiche nebensächliche Geschichten und Anekdoten einbringen.

DER MODERATOR (ESFP)

Ihre Zuhörer hören ihnen dabei gespannt zu, wenngleich sie sich dessen bewusst sind, dass *Moderatoren* einen Hang zur Ausschmückung und Aufbauschung von Fakten haben. Oftmals beneiden sie *Moderatoren* auch um ihr interessantes Leben und die Fähigkeit, sich an jedem Tag zu erfreuen. *Moderatoren* selbst hingegen verspüren große Zufriedenheit, wenn sie anderen Menschen Optimismus vermitteln können, ihnen dabei behilflich sein können Spaß zu haben oder sie zum Handeln motivieren können. Wenn *Moderatoren* an Treffen teilnehmen, übernehmen sie oftmals die Rolle von Tanzmeistern und Moderatoren (daher auch die Bezeichnung für diesen Persönlichkeitstyp), da sie sich hervorragend in der Rolle von Gastgebern und Zeremonienmeistern fühlen.

Ihr Interesse an Menschen, ihre Akzeptanz sowie ihre ehrliche Sympathie bewirken, dass *Moderatoren* gute Beziehungen zu den meisten Menschen pflegen. Einige stören sich jedoch an ihrer unbekümmerten und sorgenlosen Art sowie an der Tatsache, dass sie ständig versuchen, im Mittelpunkt zu stehen und Anerkennung und Akzeptanz zu erlangen. Andere Menschen wiederum halten *Moderatoren* vor, sie wären oberflächlich, nicht pflichtbewusst und nicht fähig, ernsthaft über das Leben nachzudenken.

Moderatoren hingegen stören sich an Menschen, die das Leben zu ernst nehmen. Sie mögen auch keine Passivität, Pessimismus, Mangel an Enthusiasmus, Stagnation sowie die Tatsache, dass manche Menschen Effektivität und Profit dem menschlichen Glück vorziehen. Es fällt ihnen auch schwer, Einzelgänger zu verstehen, die in ihrer eigenen Welt leben und sich mit abstrakten Theorien und philosophischen Überlegungen auseinandersetzen. *Moderatoren* vermögen es selber nicht, über längere Zeit einsam zu sein (sie eignen sich nicht für solch einen Lebensstil).

Unter Menschen

Moderatoren sind eine unerschöpfliche Quelle neuer Nachrichten, aktueller Informationen und neuer Witze (viele grübeln, woher sie sie nehmen). Für gewöhnlich wissen sie, was bei anderen gerade los ist, wenngleich dies kein Resultat von Tratsch ist, aber das Ergebnis ihres ehrlichen Interesses an Menschen. Wenn andere Menschen diese Eigenschaft erkennen, teilen sie *Moderatoren* gerne ihre Erlebnisse mit. Wenn Menschen mit *Moderatoren* sprechen, fühlen sie sich aufgebaut und getröstet. Menschen hilft die Tatsache, dass jemand ihnen aufmerksam zuhört, ihre Erlebnisse versteht und ihre Empfindungen in Worte zu fassen vermag. *Moderatoren* sind hervorragende Vertraute, da sie sich wirklich für andere Menschen interessieren und es vermögen, sich in deren Lage zu versetzen. Ferner sind sie ausgezeichnete Zuhörer und Beobachter menschlicher Verhaltensweisen.

In der Regel nutzen *Moderatoren* alle Gelegenheiten aus, um sich mit anderen Menschen zu treffen und etwas zu unternehmen. Sie verpassen sehr selten familiäre Feierlichkeiten oder andere Anlässe. Viel mehr sind sie selber gerne Gastgeber solcher Zusammenkünfte. Es fällt ihnen schwer, auf ihr Vergnügen und die Gelegenheit, angenehm die Zeit zu verbringen, zu verzichten. Auch wenn *Moderatoren* viel beschäftigt sind, vermögen sie es, Zeit für ihre Freunde zu finden. Sie freuen sich auch immer über unerwarteten Besuch. Der aktuelle Tag ist für sie wichtiger als die Zukunft, die Menschen hingegen stehen vor der Arbeit und den Pflichten. Für gewöhnlich nutzen sie jede Gelegenheit, um zu feiern – sie verpassen keine Geburtstage, Jahrestage usw. Zu wichtigen Festen und Anlässen organisieren sie gerne prachtvolle Empfänge.

Moderatoren mögen Unterhaltung und Feiern so sehr, dass diese manchmal zum Ziel selbst für sie werden. Es kommt vor, dass sie bei ihrer Jagd nach Vergnügen, neuen Erfahrungen und Experimenten jegliche Einschränkungen und Hemmungen fallen lassen. Ihre Tendenz zu Risiko bewirkt manchmal, dass sie sich selbst Gefahren aussetzen und sogar ihre Gesundheit ruinieren bzw. von Genussmitteln abhängig werden.

Haltung

Moderatoren schätzen sehr ihre Freiheit und Unabhängigkeit (auch anderer Menschen) und sind sehr empfindlich für jegliche Anzeichen von Freiheitsbeschränkung. Sie dulden keine übertriebene Kontrolle, Unifizierung, Schubladendenken oder die Tatsache, dass Menschen wie Rädchen im Getriebe behandelt werden. Dahingegen schätzen *Moderatoren* Individualismus und gehen davon aus, dass jeder Mensch seinen Wert hat und unersetzlich ist.

Von Natur aus interessieren sie sich nicht für abstrakte Theorien und Konzepte, die nicht unmittelbar im Leben im Hier und Jetzt anwendbar sind. *Moderatoren* bevorzugen es, sich in der Welt konkreter Daten und handfester Fakten zu bewegen. Hypothetische Möglichkeiten und potenzielle Chancen und Bedrohungen langweilen sie, auch langfristige Planungen für die Zukunft gehören nicht zu ihrer „Welt". In der Regel liegt es *Moderatoren* fern, Ersparnisse „für schlechtere Zeiten" anzulegen oder „für die Rente" zu sparen. Sie konzentrieren sich eher auf den aktuellen Tag. Wenn ihnen freie Mittel zur Verfügung stehen, ziehen *Moderatoren* es vor, diese sofort auszugeben.

Für gewöhnlich versuchen sie auch, vor allen unangenehmen Erfahrungen zu fliehen und nicht an die traurigen Aspekte des Lebens zu denken. *Moderatoren* bevorzugen es, sich auf die hellen Seiten des Lebens zu konzentrieren. Ihr angeborener Optimismus bewirkt, dass sie die Welt durch eine rosarote Brille betrachten. Sie glauben, dass alles möglich ist und haben keine Angst vor neuen Herausforderungen und dem damit verbundenen Risiko. Auch Hindernisse oder Schwierigkeiten vermögen es nicht, sie von ihren Vorhaben abzuschrecken.

Wahrnehmung und Gedanken

Moderatoren verfügen über einen entwickelten ästhetischen und räumliche Sinn sowie künstlerische Fähigkeiten. Sie kennen sich in neuen Trends gut aus und interessieren sich oftmals für Mode. Ihr Zuhause hingegen zeichnet sich durch einen geschmackvollen Stil aus. *Moderatoren* vermögen es, ihre Inneneinrichtung und die Dekorationen so zu wählen, dass sie ihren Räumen einen warmen und gemütlichen Charakter verleihen. Häufiger als andere verfügen sie auch über kulinarische Fertigkeiten sowie die Vorliebe für gutes Essen. Neue Sachen erlernen sie am liebsten durch Beobachtung, Experimente und Erfahrungen.

Von Natur aus sind *Moderatoren* Pragmatiker. Sie interessieren sich hauptsächlich für alle Dinge, die sie anfassen, erfahren oder schmecken können. Sie mögen praktische Aufgaben und helfen gerne anderen bei der Lösung von konkreten, greifbaren Problemen. Dabei scheuen sie keine Zeit oder Energie.

DER MODERATOR (ESFP)

Wenn *Moderatoren* es mit komplexen Problemen und komplizierten Situationen zu tun haben, versuchen sie sie um jeden Preis zu vereinfachen. Dabei tendieren sie dazu, Dinge so zu vereinfachen, dass ihre Vorschläge unangemessen und provisorisch sind (sie erlauben es, die Probleme temporär zu beheben, nicht aber sie zu beseitigen). *Moderatoren* mögen keine schwierigen, zweideutigen oder unklaren Situationen, die ihnen großes Unbehagen bereiten. Ihr Weltbild ist für gewöhnlich schwarz-weiß, weswegen sie in Situationen, in denen sie mit der „grauen" Realität in Kontakt treten (in der weiß nicht ganz weiß und schwarz nicht ganz schwarz ist), oftmals zu Vereinfachungen greifen (bspw. „hellen" sie das Weiße und „verdunkeln" das Schwarze).

Entscheidungen

Wenn *Moderatoren* Entscheidungen treffen, denken sie darüber nach, welchen Einfluss diese auf das Leben anderer Menschen ausüben werden. Sie beraten sich gerne mit ihren Bekannten und holen die Meinung ihres Umfelds ein. Für gewöhnlich richten sich *Moderatoren* nach ihrem Verstand und stützen sich auf Fakten und konkrete Daten (sie glauben nicht an Intuition und Vorahnung). Entscheidungen treffen sie für gewöhnlich recht schnell und wägen nicht das Für und Wider ab. Sie vermögen es, blitzschnell die Situation sowie die bestehenden Möglichkeiten einzuschätzen und schnell die ihres Erachtens vernünftigste Lösung auszuwählen.

Die meisten Schwierigkeiten machen ihnen Entscheidungen, die nach einer Berücksichtigung langfristiger Konsequenzen verlangen sowie der Fähigkeit, mit den Gedanken voraus zu sein und neue

– bislang nicht aufgetretene – Faktoren einzukalkulieren (bspw. potenzielle Gefahren, die langfristig auftauchen könnten). Dahingegen kommen *Moderatoren* weitaus besser mit Entscheidungen zurecht, die aktuelle, sofortige, konkrete und handfeste Probleme betreffen.

Leidenschaft

Moderatoren fühlen sich von all jenen Dingen angezogen, die neu, originell und „frisch" sind – neue Bekannte, neue Ideen, neue Produkte, neue Erfahrungen, neue Modetrends… Für gewöhnlich kennen *Moderatoren* alle aktuellen Trends und Neuheiten. Oftmals wissen sie als erste über neu eröffnete Restaurants, Clubs oder Pubs bzw. über geplante Veranstaltungen, Konzerte und jegliche Neuveröffentlichungen, die auf den Markt kommen sollen. Im Leben begeistert sie die Tatsache, dass jeder Tag etwas Neues bringt und jeder Augenblick eine Überraschung parat haben kann. Im Gegensatz dazu wirken Monotonie, Langeweile, Routine und Stagnation erschöpfend auf sie. Sie vermögen es jedoch, in jeder Aufgabe und jeder Situation etwas Aufregendes zu finden und versuchen jeder Arbeit spielerische und attraktionssteigernde Elemente hinzuzufügen, um Freude an ihr zu haben.

Moderatoren mögen keine Planung. Sie bevorzugen es viel mehr darauf zu warten, was der Tag bringt, um je nach Situation spontan Entscheidungen zu treffen. Ihr Leben läuft im jeweiligen Augenblick ab – sie versuchen das Beste aus jedem Moment zu machen. *Moderatoren* leben selten in ihren Erinnerungen oder Gedanken an die Zukunft. Sie möchten keine Zeit für Überlegungen über Probleme verlieren, die vielleicht das Morgen bringt. Für sie ist es weitaus

DER MODERATOR (ESFP)

wichtiger, das Leben zu genießen und sich erst mit Problemen auseinanderzusetzen, wenn sie da sind. Von Natur aus sind sie sehr flexibel und vermögen es, zu improvisieren, weswegen sie sich gut in schnell wandelnden Umständen zurechtfinden, die nach blitzschnellen Reaktionen und Anpassung an die neue Situation verlangen.

Kommunikation

Moderatoren bereiten Gespräche mit anderen Menschen viel Freude, weswegen sie auch gerne das Wort in der Gruppe ergreifen. Naturgemäß sind sie ausgezeichnete Redner, Conférenciers und Moderatoren. Mit ihrer Anwesenheit schaffen sie eine nette, freundliche Atmosphäre und vermögen es, die Gäste zu unterhalten. *Moderatoren* haben keine Angst vor öffentlichen Auftritten und mögen es, im Rampenlicht zu stehen. Wenn sie etwas präsentieren oder eine Rede halten, nutzen sie all ihre schauspielerischen Fähigkeiten, ihr Improvisationstalent und ihren Sinn für Humor.

Wenn *Moderatoren* wiederum eine Aufgabe, ein Ziel oder eine Initiative vorstellen sollen, machen sie dies auf eine natürliche und attraktive Art und Weise. Sie vermögen es, Begeisterung bei den Zuhörern zu wecken, auf ihr Weltbild Einfluss zu nehmen und sie zum Handeln zu motivieren. Für gewöhnlich sprechen sie auf eine sehr verständliche und präzise Art und Weise, ihr Stil ist sachlich und direkt.

Moderatoren mögen es jedoch nicht, ihre Gedanken schriftlich in Worte zu fassen. Sie bevorzugen verbale Kommunikation und direkten Kontakt.

Dank ihrer hervorragenden interpersonellen Fähigkeiten sowie ihrer Empathie vermögen sie es, Menschen zu „lesen" und in ihnen versteckte Motive und Probleme zu erkennen. Dahingegen haben *Moderatoren* Probleme damit, sich gegenüber anderen kritisch zu äußern und sie zu tadeln (bspw. für unangemessenes Verhalten). Sie selbst vertragen Kritik auch recht schlecht, vor allem da es ihnen schwer fällt, sie konstruktiv zu nutzen. Oftmals empfinden *Moderatoren* Kritik als Boshaftigkeit, einen Angriff auf ihre Person oder einen Versuch, ihre Werte in Frage zu stellen. Wenn sie sich verteidigen, sind sie zu scharfen Reaktionen fähig und es kommt vor, dass sie Sachen sagen, die sie später bereuen.

In Stresssituationen

Aufgaben, die nach langfristiger Konzentration, tiefgründiger Reflexion, eigenständiger Arbeit oder weit reichender, strategischer Planung verlangen, bewirken bei *Moderatoren* oftmals Unbehagen und Spannungen. Es kommt vor, dass sie aufgrund von langfristigem Stress anfangen, schwarze Szenarien zu erschaffen, Erleichterung in sinnlichen Freuden suchen oder nach Genussmitteln greifen. Zum Glück sind *Moderatoren* auch imstande, auf eine konstruktivere Art und Weise zu entspannen, bspw. indem sie Sport betreiben oder Zeit mit Freunden oder der Familie verbringen (indem sie z.B. Treffen, Picknicks oder Familienausflüge organisieren). Sie gehören definitiv nicht zu den Menschen, die ihren Urlaub mit einem Buch oder dem Lösen von Kreuzworträtseln verbringen.

Sozialer Aspekt der Persönlichkeit

Moderatoren sind überaus offen und es ist einfach, sich ihnen zu nähern. Sie behandeln alle Menschen wie alte Bekannte. Schon beim ersten Treffen haben

Menschen den Eindruck, sie würden *Moderatoren* seit Jahren kennen, da sie direkt, konfliktfrei und überaus flexibel sind.

Menschen sind ein wichtiger Teil des Lebens von *Moderatoren*! Die Sorge um andere bereitet ihnen Freude, sie selbst hingegen vermögen es auch, ihre Hilfe in Anspruch zu nehmen. *Moderatoren* kümmern sich stets um eine gute Atmosphäre und gute Beziehungen zu anderen Menschen. Sie vertragen dahingegen nur schlecht Konfliktsituationen und versuchen diese um jeden Preis zu meiden. Um unangenehmen Gesprächen aus dem Weg zu gehen sind sie bereit, Probleme „unter den Teppich zu kehren" oder so zu tun, als ob sie sie nicht sehen würden.

Unter Freunden

Für gewöhnlich sind *Moderatoren* sehr offen und knüpfen gerne neue Bekanntschaften. Sie vermögen es schnell, andere Menschen zu „lesen" und wissen manchmal bereits nach wenigen Minuten eines Gesprächs, mit wem sie es zu tun haben. Herzliche und freundschaftliche Beziehungen zu anderen Menschen sind für *Moderatoren* eine der wichtigsten Sachen in ihrem Leben. Es liegt ihnen wirklich am Glück anderer Menschen und sie scheuen keine Zeit, Energie oder Geld, um ihnen zu helfen bzw. mit ihnen angenehm die Zeit zu verbringen. *Moderatoren* vertragen Einsamkeit recht schlecht, doch zum Glück sind sie meistens von Menschen umgeben – ihr Optimismus, ihr Sinn für Humor, ihre Herzlichkeit und ihre Empathie sowie Ehrlichkeit wirken wie ein Magnet auf andere. Menschen mögen ihre Gesellschaft und teilen ihnen gerne ihre Erlebnisse und Probleme mit. Das Vertrauen sowie die Sympathie seitens anderer Menschen sind für sie die Quelle ihrer Zufriedenheit und ihres Glücks.

Moderatoren legen Wert auf die Meinungen andere Menschen und sind von Natur aus anfällig für den Einfluss von außen. Sie vermögen es, sich an Situationen anzupassen und erwägen die Bedürfnisse anderer Menschen, wenngleich sie sich nicht ausnutzen lassen. Für gewöhnlich verfügen sie über sehr viele Bekanntschaften, die Mehrheit dieser Beziehungen ist jedoch von relativ oberflächlicher Natur. Die größte Aufmerksamkeit schenken sie neuen Bekannten und vernachlässigen dabei die alten. Für gewöhnlich haben *Moderatoren* nur wenige nahestehende Freunde. Am häufigsten sind es *Anwälte*, *Künstler*, *Enthusiasten* und andere *Moderatoren*. Am seltensten hingegen *Strategen*, *Direktoren* und *Logiker*.

In der Ehe

Als Lebenspartner bringen *Moderatoren* Herzlichkeit, Energie und Optimismus mit in die Beziehung ein. Es ist unmöglich, sich mit ihnen zu langweilen, da sie gewährleisten, dass „immer etwas los ist" und ihren Partnern verschiedene Attraktionen bieten. Für gewöhnlich nehmen *Moderatoren* in der Familie die Rolle von „Außenministern" ein, die sie nach außen hin vertreten und für die Kontakte mit der Außenwelt zuständig sind. Charakteristisch für *Moderatoren* ist die Tatsache, dass sie jeglichen Jahrestagen, Geburtstagen oder anderen Familienfeiern große Bedeutung zuschreiben. Sie mögen es sehr, Familienfeste oder Treffen zu organisieren und übernehmen dann die Rolle von Zeremonienmeistern. Wenn sie eine Feier planen, scheuen *Moderatoren* keine Zeit und vor allem keine Kosten, was andere Menschen als

DER MODERATOR (ESFP)

Anzeichen von Verschwendung ansehen. Manchmal führt dies in der Ehe auch zu Spannungen – ihre Lebenspartner sehen bisweilen dringendere Bedürfnisse, für *Moderatoren* wiederum gibt es kaum wichtigere Dinge im Leben als der gemeinsamen Spaß mit Familie und Freunden.

Moderatoren sind von Natur aus großzügig. Sie kalkulieren nicht und sind nicht berechnend. *Moderatoren* möchten wirklich, dass ihre Partner glücklich sind. Ihre Liebe zu ihnen wiederum ist bedingungslos. Sie kommen ihren Bedürfnissen entgegen und bieten ihnen viel Wärme, zärtliche Worte und Gesten. *Moderatoren* selbst brauchen auch Wärme, Nähe und Akzeptanz. Es ist einfach, sie zu verletzen, da sie jegliche bissige Bemerkungen und tadelnde Kommentare oder auch Gleichgültigkeit sehr persönlich nehmen. Kritik gegen ihre Handlungen empfinden sie als persönlichen Angriff auf ihre Person und vermögen dann mit einem Gegenangriff zurückzuschlagen. Sie mögen es nicht, unangenehme Sachen zu bereden und meiden um jeden Preis Konflikte und Streitigkeiten.

Moderatoren lieben von ganzem Herzen und holen alles aus sich heraus, ohne dabei etwas im Gegenzug zu erwarten. Ihre Emotionen sind sehr leidenschaftlich und sinnlich. Dahingegen haben *Moderatoren* aber Probleme mit langfristigen Verpflichtungen. Das Ehegelübde „Bis dass der Tod uns scheidet" verlangt ihnen für gewöhnlich eine Menge Opferbereitschaft ab, da sie von Natur aus für den Tag leben und mit ihren Gedanken nicht in die Zukunft vorauseilen. Ihr Bedürfnis, neue Erfahrungen zu sammeln und zu experimentieren sowie ihre Vorliebe für sinnliche Vergnügen können eine Gefahr für ihre Beziehungen darstellen.

IHR PERSÖNLICHKEITSTYP: MODERATOR (ESFP)

Natürliche Kandidaten als Lebenspartner sind für *Moderatoren* Personen mit verwandten Persönlichkeitstypen: *Anwälte*, *Künstler* oder *Betreuer*. In solchen Beziehungen ist es für sie einfacher, gegenseitiges Verständnis und harmonische Beziehungen aufzubauen. Die Erfahrung zeigt aber, dass *Moderatoren* auch imstande sind, gelungene, glückliche Beziehungen mit Personen einzugehen, deren Typ offensichtlich völlig verschieden ist. Umso interessanter sind diese Beziehungen, da die Unterschiede zwischen den Partnern der Beziehung Dynamik verleihen und Einfluss auf die persönliche Entwicklung nehmen können (viele Personen bevorzugen diese Perspektive, die sich für sie interessanter gestaltet als eine harmonische Beziehung, in der ständig Einklang und gegenseitiges Verständnis herrscht).

Als Eltern

Als Eltern sind *Moderatoren* sehr fürsorglich und begegnen ihren Kindern mit viel Herzlichkeit. Sie vermögen es die Welt mit ihren Augen zu sehen, weswegen sie wissen, was ihren Kindern die größte Freude bereitet. Sie bieten ihnen viele Attraktionen und Überraschungen und feiern stolz all ihre Erfolge mit (was für ihren Nachwuchs einen riesigen Anreiz und Motivation darstellt). *Moderatoren* verbringen sehr gerne Zeit mit ihren Kindern, da Gespräche und gemeinsame Spiele ihnen viel Freude bereiten. Normalerweise haben sie nichts gegen Lärm und Trubel. *Moderatoren* freuen sich, wenn ihre Kinder Spaß haben. Sie vermögen es hervorragend, ihre praktischen elterlichen Aufgaben zu erfüllen und haben keine Angst vor ihren Pflichten in der Familie. *Moderatoren*

DER MODERATOR (ESFP)

motivieren ihre Kinder, sie selbst zu sein, ihre Leidenschaften zu realisieren und ihre starken Seiten zu fördern.

Für gewöhnlich sind *Moderatoren* keine anspruchsvollen Eltern, weswegen sie auch Probleme haben, Disziplin in ihrer Erziehung walten zu lassen (oftmals glauben sie nicht einmal an ihren Sinn). Im Endresultat haben ihre Kinder manchmal das Problem, gute und erwünschte Verhaltensweisen von den schlechten und tadelnswerten zu unterscheiden. *Moderatoren* bevorzugen gewöhnlich einen Partnerstil. Sie sind sehr tolerant, konfliktlos und verständnisvoll, wenngleich es auch vorkommt, dass sie streng und ungeduldig sind. Ihrer Erziehung fehlt es aber oftmals an Kohärenz und Konsequenz. Wenn das zweite Elternteil nicht imstande ist, Ordnung in die Erziehung einzuführen, können ihren Kindern Stabilität, Sicherheit und klare Regeln im Leben fehlen.

Erwachsene Kinder von *Moderatoren* erinnern sich für gewöhnlich an sie als herzliche, fürsorgliche und sorgsame Eltern, die ihnen viele Attraktionen geboten, Freiheiten gewährt, sie zur Verwirklichung ihrer Leidenschaften angespornt und in schwierigen Situationen bedingungslos unterstützt haben.

Arbeit und Karriere

Moderatoren mögen Bewegung, Vielfalt und Unbeständigkeit. Sie fühlen sich von Posten angezogen, die ihnen die Möglichkeit bieten, etwas zu erschaffen, zu experimentieren oder konkrete, praktische und greifbare Probleme zu lösen.

Unternehmen

Moderatoren arbeiten gerne in Firmen mit einer flachen Struktur, die ihren Mitarbeitern Freiheiten und Einfluss auf Personalentscheidungen gewähren. Sie vertragen hingegen keine Bürokratie, Hierarchie, Routine, sich wiederholende Aufgaben und steife Prozeduren. Auch das Verfassen und Vorbereiten von Berichten sowie die Bearbeitung von Daten langweilt sie. *Moderatoren* eignen sich nicht für individuelle Aufgaben. Dafür finden sie sich hervorragend in Bereichen zurecht, die nach interpersonellen Fähigkeiten, Einfallsreichtum, Flexibilität und Improvisation verlangen. Sie mögen es dort zu sein, wo „etwas los ist". *Moderatoren* fühlen sich in Institutionen wohl, deren Tätigkeit gesellschaftlich fördernd ist und auf handfeste, positive Veränderungen im Leben der lokalen Gemeinschaft, der Gesellschaft oder auf der Welt ausgerichtet ist.

Aufgaben

Bei der Realisierung von Aufgaben, die für *Moderatoren* wichtig sind, bringen sie all ihre Energie auf. Für gewöhnlich mögen sie keine konzeptuellen Aufgaben und verlieren sich vor allem dann, wenn sie sich nicht auf bisherige Erfahrungen berufen und auf keine Unterstützung seitens anderer zählen können. Ferner haben *Moderatoren* oftmals Probleme, sich auf Aufgaben zu konzentrieren und zu fokussieren, die langfristig bearbeitet werden müssen (vor allem dann, wenn die Ergebnisse ihrer Arbeit in der Zukunft liegen oder die Ziele unklar definiert sind).

Moderatoren lassen sich leicht ablenken – den Kampf um ihre Aufmerksamkeit gewinnen gewöhnlich die stärksten und neusten Impulse. Es fällt ihnen schwer, bereits begonnene Aufgaben fortzuführen, wenn am Horizont neue, aufregendere Herausforderungen warten. Sie arbeiten am liebsten an Aufgaben mit kurzer Dauer, wobei sie auch imstande sind, mehrere Aufgaben gleichzeitig auszuführen. *Moderatoren* freut es, wenn ihre Handlungen einen positiven Einfluss auf das Leben anderer Menschen haben. Für gewöhnlich sorgen sie sich auch sehr um die Zufriedenheit ihrer Kunden, Schützlinge und Kollegen.

Im Team

Wenn sie im Team arbeiten, schätzen *Moderatoren* eine gesunde und freundschaftliche Atmosphäre. Als Mitglieder einer Gruppe sind sie konfliktfrei und flexibel. Sie sorgen sich darum, dass niemand übergangen oder ausgeschlossen wird. *Moderatoren* kümmern sich gerne um die Bedürfnisse anderer und vermögen es, Kompromisse zu schließen und anderen die Arbeit zu erleichtern. Oftmals sind sie auf natürliche Art und Weise die Vertreter ihres Teams, die als Sprecher den Standpunkt der Gruppe vorstellen. Für gewöhnlich verspüren sie eine starke Bindung zu ihren Kollegen und verpassen selten jegliche Treffen oder Betriebsausflüge. *Moderatoren* versuchen Konflikte und Streitigkeiten zu meiden. Sie verstehen Menschen nicht, die Konflikte provozieren, um Macht kämpfen und bewusst anderen Kollegen Schaden zufügen.

Vorgesetzte

Moderatoren mögen Vorgesetzte, die ihre Mitarbeiter in erster Linie als Menschen ansehen und nicht als Werkzeuge zur Realisierung von Zielen. Sie schätzen Chefs, die tolerant, flexibel und offen für innovative Lösungen sind und die es verstehen, ihren Mitarbei-

IHR PERSÖNLICHKEITSTYP: MODERATOR (ESFP)

tern die Richtung aufzuzeigen, wobei sie ihnen zugleich die nötigen Freiheiten gewähren und ihren individuellen Arbeitsstil akzeptieren.

Wenn *Moderatoren* selbst in leitenden Positionen sind, agieren sie auf ähnliche Art und Weise. Sie schätzen die Beziehungen zu ihren Mitarbeitern und stellen stets den Menschen an erste Stelle (und nicht die Ergebnisse oder Leistungen). Eines der größten Probleme für *Moderatoren* als Führungskräfte ist ihr Unvermögen, schwächere Teammitglieder zu disziplinieren, sowie ihre zu große Nachsicht.

Berufe

Das Wissen über das eigene Persönlichkeitsprofil sowie die natürlichen Präferenzen stellen eine unschätzbare Hilfe bei der Wahl des optimalen Berufsweges dar. Die Erfahrung zeigt, dass *Moderatoren* mit Erfolg in verschiedenen Bereichen arbeiten und aufgehen können. Doch dieser Persönlichkeitstyp prädisponiert sie auf natürliche Art und Weise zu folgenden Berufen:

- Arzt,
- Berater,
- Betreuer,
- Event-Veranstalter,
- Experte für Öffentlichkeitsarbeit,
- Florist,
- Fotograf,
- Handelsvertreter,
- Innendekorateur,
- Konsultant,
- Lehrer,
- Maler,

- Mitarbeiter in einem Erholungspark,
- Mitarbeiter in einer Personalabteilung,
- Mitarbeiter in einem Reisebüro,
- Mitarbeiter in der Sozialhilfe,
- Modedesigner,
- Moderator,
- Musiker,
- Portier,
- Psychologe,
- Retter,
- Sanitäter,
- Schauspieler,
- Stylist,
- Therapeut,
- Tierarzt,
- Trainer,
- Unternehmer,
- Versicherungsagent.

Potenzielle starke und schwache Seiten

Ähnlich wie auch andere Persönlichkeitstypen haben *Moderatoren* potenzielle starke und schwache Seiten. Dieses Potenzial kann auf verschiedenste Weise ausgeschöpft werden. Glück im Privatleben sowie Erfolg im Beruf hängen bei *Moderatoren* davon ab, ob sie die Chancen, die mit ihrem Persönlichkeitstyp verknüpft sind, nutzen und ob sie den Gefahren auf ihrem Weg die Stirn bieten können. Im Folgenden eine ZUSAMMENFASSUNG dieser Chancen und Gefahren:

IHR PERSÖNLICHKEITSTYP: MODERATOR (ESFP)

Potenzielle starke Seiten

Moderatoren sind enthusiastisch, flexibel und spontan. Sie vermögen es, schnell auf wandelnde Gegebenheiten zu reagieren und sich an neue Bedingungen anzupassen. Ferner sind sie praktisch veranlagt und lernen sehr schnell. *Moderatoren* mögen Experimente, haben keine Angst vor Risiko und kommen gut mit Veränderungen zurecht. Sie sind von Natur aus Optimisten und lassen sich von Widrigkeiten nicht abschrecken. *Moderatoren* sind imstande, jeden Tag zu genießen und jeden Augenblick zu nutzen. Ihre Begeisterung und ihr Optimismus wirken ansteckend und üben positiven Einfluss auf andere Menschen aus. Wenn *Moderatoren* in einem Team arbeiten, vermögen sie es das Team zu integrieren und Kompromisse zu schaffen. Sie schätzen die Individualität und Freiheit anderer Menschen und interessieren sich wahrhaftig für sie, wobei sie großen Wert auf ihr Glück und Wohlbefinden legen. *Moderatoren* helfen gerne anderen Menschen und sind ihrerseits bereit, deren Hilfe oder Ratschläge anzunehmen und aus den Erfahrungen anderer zu lernen.

Moderatoren sind hervorragende Beobachter ihrer Umwelt und menschlicher Emotionen. Sie sind sehr aufgeschlossen, weswegen es anderen Menschen einfach fällt, sie kennenzulernen. *Moderatoren* selbst sind ebenfalls imstande, andere Menschen schnell zu „durchschauen". Für gewöhnlich sind sie erwünschte Gesellen, Gefährten und Zuhörer. Ihre Herzlichkeit, ihr ehrliches Interesse, ihr Optimismus und ihr Sinn für Humor ziehen andere Menschen an. *Moderatoren* sind darüber hinaus hervorragende Redner, Conférenciers und Moderatoren, die über angeborene schauspielerische Fähigkeiten und einen künstlerischen und ästhetischen Sinn verfügen.

DER MODERATOR (ESFP)

Vertreter dieses Persönlichkeitstyps vermögen es, auf eine interessante Art und Weise zu sprechen, die bei ihren Zuhörern Begeisterung hervorruft. Sie sind überaus spendabel und freuen sich, wenn sie anderen helfen bzw. sie beschenken können. *Moderatoren* mögen es, anderen Attraktionen zu bieten, sie zu überraschen oder ihnen einfach die Zeit zu versüßen. Darüber hinaus kommen sie gerne ihren Bedürfnissen entgegen und vermögen es, sich an die jeweilige Situation anzupassen.

Potenzielle schwache Seiten

Moderatoren fällt es sehr schwer, in ihren Gedanken das „Hier und Jetzt" zu verlassen, Aufgaben zu erfüllen, die nach vorausschauendem Denken verlangen, sowie Opfer zu bringen und auf angenehme Dinge zu verzichten, um erst in der Zukunft davon zu profitieren. Sie verlieren sich auch in Welten abstrakter Konzepte und komplexer Theorien. Weitere Probleme haben *Moderatoren* auch mit Aufgaben, bei denen lange Konzentration erforderlich ist oder die alleine zu bewältigen sind (vor allem dann, wenn die Ergebnisse ihrer Arbeit erst in Zukunft erkennbar werden). *Moderatoren* tendieren dazu, alles zu ignorieren, was sich nicht auf praktische Handlungen übertragen lässt. Ferner neigen sie dazu, Probleme zu vereinfachen. Sie bevorzugen schnelle und einfache Lösungen, die keiner tiefgründigen Reflexion bedürfen. Solch eine Haltung erlaubt es ihnen für gewöhnlich, Probleme aus der Welt zu schaffen, womit sie ihre Energie für angenehmere Dinge verwenden können. Selten hingegen hilft ihnen diese Einstellung beim Verständnis der Ursachen dieser Probleme. Indem sich *Moderatoren* auf Spaß, Freizeit und Vergnügen konzentrieren, verlieren sie manchmal den tieferen Sinn des Lebens aus den Augen.

Moderatoren können Schwierigkeiten damit haben, andere Perspektiven und Ansichtsweisen zu verstehen, weswegen sie es oft nicht vermögen, Probleme aus der Sicht anderer Menschen zu betrachten. Sie haben auch nicht selten Angst vor Meinungen und Ansichten, die sehr stark von ihren eigenen abweichen. *Moderatoren* kommen schlecht mit Kritik seitens anderer Menschen zurecht – sie empfinden sie als Angriff oder Boshaftigkeit, weswegen sie häufig nicht imstande sind, sie konstruktiv zu verwerten. Sie selbst sind auch nicht immer fähig, Kritik zu äußern, da sie dazu tendieren, Problemen und unangenehmen Situationen bzw. Konflikten aus dem Weg zu gehen. Sie kommen schlecht mit Routine, Monotonie sowie sich wiederholenden Tätigkeiten zurecht. Die Verwaltung von Finanzen gehört ebenfalls nicht zu ihren starken Seiten.

Persönliche Entwicklung

Die persönliche Entwicklung von *Moderatoren* hängt davon ab, in welchem Grad sie ihr natürliches Potenzial nutzen und ob sie die Gefahren, die in Verbindung mit ihrem Typ stehen, zu bewältigen vermögen. Die folgenden praktischen Tipps stellen eine Art Dekalog des *Moderators* dar.

Konzentrieren Sie sich

Legen Sie Ihre Prioritäten fest und bemühen Sie sich dasjenige auch zu beenden, was Sie angefangen haben. Konzentrieren Sie sich auf das, was für Sie am Wichtigsten ist und lassen Sie nicht zu, dass weniger wichtige Angelegenheiten Sie ablenken. Wenn Sie so vorgehen, vermeiden Sie Frust und erreichen mehr.

Beenden Sie das, was Sie begonnen haben

Sie beginnen mit Begeisterung neue Aufgaben, es fällt Ihnen aber schwer, sie auch abzuschließen. Solch eine Herangehensweise erbringt für gewöhnlich schlechte Resultate. Versuchen Sie festzustellen, was für Sie das Wichtigste ist und wie Sie es erreichen können. Fangen Sie daraufhin an zu arbeiten und lassen Sie sich nicht davon ablenken!

Haben Sie keine Angst vor Konflikten

Wenn Sie in eine Konfliktsituation geraten, stecken Sie Ihren Kopf nicht in den Sand! Äußern Sie offen Ihren Standpunkt und Ihr Empfinden. Konflikte helfen oft dabei, Probleme zu erkennen und sie zu lösen.

Agieren Sie weniger impulsiv

Bevor Sie eine Entscheidung treffen oder sich für etwas engagieren, wenden Sie ein wenig Zeit auf um Informationen zu sammeln, sie zu analysieren und die Situation objektiv zu bewerten. Wahrscheinlich werden Sie dadurch den Umfang Ihrer Tätigkeiten verringern, diese gewinnen dafür aber an Effizienz.

Fragen Sie

Gehen Sie nicht davon aus, dass das Schweigen anderer Menschen deren Gleichgültigkeit oder Feindseligkeit bedeutet. Wenn Sie es wirklich wissen möchten, was andere denken, fragen Sie einfach.

Haben Sie keine Angst vor Kritik

Haben Sie keine Angst davor, kritisch zu sein und Kritik seitens anderer Menschen anzunehmen. Kritik kann konstruktiv sein und muss nicht unbedingt einen Angriff auf andere Menschen oder die Anzweiflung ihrer Werte bedeuten.

Seien Sie unabhängig von der Bewertung anderer Menschen

Akzeptieren Sie sich genauso, wie Sie andere Menschen akzeptieren. Bewerten Sie sich nicht durch das Prisma der Bewertungen anderer Menschen, denn sie können irren und sich nicht wahrheitsgetreu äußern. Sie haben die größten Kompetenzen, um über Ihr Leben zu entscheiden.

Meiden Sie provisorische Lösungen

In Anbetracht von Problemen neigen Sie dazu, schnell zu handeln und rasche Lösungen zu suchen, die aber provisorisch sind bzw. das Problem nur zeitlich hinauszögern. Versuchen Sie in solchen Situationen eine langfristige Perspektive einzunehmen und der jeweiligen Angelegenheit mehr Zeit zu widmen, um sich des Problems nicht nur zu entledigen, sondern es auch wirklich zu lösen.

Haben Sie keine Angst vor Ideen und Meinungen, die im Widerspruch zu Ihren stehen

Bevor Sie sie ablehnen, denken Sie erst gut darüber nach und versuchen Sie, sie zu verstehen. Die Offenheit gegenüber Ansichten anderer Menschen muss nicht zwangsläufig bedeuten, dass man seine eigenen Meinungen verwirft.

DER MODERATOR (ESFP)

Betrachten Sie die Welt nicht schwarz-weiß

Versuchen Sie einen breiteren Kontext von Problemen zu erkennen und sie unter verschiedenen Gesichtspunkten zu durchleuchten. Dinge können weitaus komplexer sein als es Ihnen vorkommt. Probleme können nicht nur durch andere Menschen hervorgerufen werden und Recht müssen auch nicht immer nur Sie haben.

Bekannte Personen

Eine Liste bekannter Personen, die dem Profil des *Moderators* entsprechen:
- **Pablo Picasso** (1881-1973) – spanischer Maler, Bildhauer und Grafiker, Erschaffer des Kubismus, gilt als einer der herausragendsten Künstler des 20. Jahrhunderts;
- **Leonard Bernstein** (1918-1990) – US-amerikanischer Komponist, Pianist und Dirigent;
- **Gene Hackman** (geb. 1930) – US-amerikanischer Schauspieler (u. a. *Crimson Tide – in tiefster Gefahr*), Regisseur und Filmproduzent, Träger zahlreicher prestigeträchtiger Auszeichnungen;
- **Elvis Presley** (1935-1977) – US-amerikanischer Sänger und Filmschauspieler, Vorreiter des Rock 'n' Roll, Ikone der Popkultur des 20. Jahrhunderts;
- **Al Pacino**, eigtl. Alfredo James Pacino (geb. 1940) – US-amerikanischer Film- und Theaterschauspieler italienischer Abstammung (u. a. *Im Auftrag des Teufels*);

IHR PERSÖNLICHKEITSTYP: MODERATOR (ESFP)

- **Joe Pesci**, eigtl. Joseph Frank Pesci (geb. 1943) – US-amerikanischer Schauspieler italienischer Abstammung (u. a. *Good Fellas – Drei Jahrzehnte in der Mafia*);
- **John Goodman** (geb. 1952) – US-amerikanischer Filmschauspieler (u. a. *Blues Brothers 2000*);
- **Branscombe Richmond** (geb. 1955) – US-amerikanischer Film- und Fernsehschauspieler (u. a. die Serie *Renegade – Gnadenlose Jagd*);
- **Linda Fiorentino** (geb. 1958) – US-amerikanische Filmschauspielerin (u. a. *Men in Black*);
- **Kevin Spacey**, eigtl. Kevin Spacey Fowler (geb. 1959) – US-amerikanischer Theater- und Filmschauspieler (u. a. *K-PAX – Alles ist möglich*), Regisseur und Produzent;
- **Woody Harrelson** (geb. 1961) – US-amerikanischer Filmschauspieler (u. a. *Welcome to Sarajevo*);
- **Steve Irwin** (1962-2006) – australischer Naturforscher, TV-Moderator, Umweltaktivist;
- **Dean Cain**, eigtl. Dean George Tanaka (geb. 1966) – US-amerikanischer Filmschauspieler (u. a. *Out of Time – Der tödliche Auftrag*);
- **Julie Bowen**, eigtl. Julie Bowen Luetkemeyer (geb. 1970) – US-amerikanische Filmschauspielerin (u.a. *Venus und Mars*);
- **Josh Hartnett** (geb. 1978) – US-amerikanischer Filmschauspieler (u. a. *Black Hawk Down*).

Die 16 Persönlichkeitstypen im Überblick

Der Animateur (ESTP)

Lebensmotto: *Lasst uns etwas unternehmen!*

Energisch, aktiv und unternehmerisch. Sie mögen die Gesellschaft anderer Menschen und sind imstande, den Augenblick zu genießen. Spontan, flexibel und offen für Veränderungen.

Enthusiastische Anreger und Initiatoren, die andere zum Handeln motivieren. Logisch, rational und überaus pragmatisch. *Animateure* sind Realisten, die abstrakte Ideen und die Zukunft betreffende Erwägungen ermüdend finden. Sie konzentrieren sich viel mehr auf konkrete Lösungen von aktuellen Problemen. Sie haben manchmal Schwierigkeiten bei der Organisation und Planung, denn sie neigen zu impulsiven Handlungen, weswegen es passieren kann, dass sie erst handeln und dann nachdenken.

IHR PERSÖNLICHKEITSTYP: MODERATOR (ESFP)

Natürliche Veranlagungen des *Animateurs*

- Die Quelle seiner Lebensenergie: seine äußere Welt.
- Informationsaufnahme: Sinne.
- Art und Weise wie Entscheidungen getroffen werden: Verstand.
- Lebensstil: spontan.

Ähnliche Persönlichkeitstypen

- *Verwalter*
- *Praktiker*
- *Inspektor*

Statistische Angaben

- *Animateure* stellen ca. 6-10 % der Gesellschaft dar.
- Unter *Animateuren* überwiegen Männer (60 %).
- Das Land, welches dem Profil des *Animateurs* entspricht, ist Australien.[2]

Buchstaben-Code

Der universelle Code des *Animateurs* ist in den Jungschen Persönlichkeitstypologien ESTP.

---

[2] Dies bedeutet nicht, dass alle Einwohner von Australien zu dieser Gruppe gehören, wenngleich die australische Gesellschaft – als Ganzes – viele charakteristische Eigenschaften des *Animateurs* verkörpert.

Mehr:
Jarosław Jankowski
Ihr Persönlichkeitstyp: Animateur (ESTP)

Der Anwalt (ESFJ)

Lebensmotto: *Wie kann ich dir helfen?*

Enthusiastisch, energisch und gut organisiert. Praktisch, verantwortungsbewusst und gewissenhaft. Darüber hinaus herzlich und überaus gesellig.

Anwälte erkennen menschliche Stimmungen, Emotionen und Bedürfnisse. Sie schätzen Harmonie und vertragen schlecht Kritik oder Konflikte. Sie sind sehr sensibel in Bezug auf Ungerechtigkeiten sowie das Leid anderer Menschen. Sie interessieren sich aufrichtig für die Probleme anderer und sind glücklich, wenn sie ihnen helfen können. Indem sie sich um die Bedürfnisse anderer kümmern, vernachlässigen sie oftmals ihre eigenen. *Anwälte* neigen dazu, anderen auszuhelfen. Sie sind anfällig für Manipulationen.

Natürliche Veranlagungen des *Anwalts*

- Die Quelle seiner Lebensenergie: seine äußere Welt.
- Informationsaufnahme: Sinne.
- Art und Weise wie Entscheidungen getroffen werden: Herz.
- Lebensstil: organisiert.

Ähnliche Persönlichkeitstypen

- *Moderator*
- *Betreuer*
- *Künstler*

Statistische Angaben

- *Anwälte* stellen ca. 10-13 % der Gesellschaft dar.
- Unter *Anwälten* überwiegen Frauen (70 %).
- Das Land, welches dem Profil des *Anwalts* entspricht, ist Kanada.

Buchstaben-Code

Der universelle Code des *Anwalts* ist in den Jungschen Persönlichkeitstypologien ESFJ.

Mehr:

Jarosław Jankowski
Ihr Persönlichkeitstyp: Anwalt (ESFJ)

Der Berater (ENFJ)

Lebensmotto: *Meine Freunde sind meine Welt.*

Optimistisch, enthusiastisch und scharfsinnig. Höflich und taktvoll. Sie verfügen über ein unglaubliches Empathievermögen, wodurch es sie glücklich stimmt, durch selbstloses Handeln anderen Menschen Gutes zu tun. *Berater* vermögen es, Einfluss auf das Leben anderer zu nehmen – sie inspirieren, entdecken in ihnen verstecktes Potenzial und verleihen ihnen Glauben an das eigene Können. *Berater* strahlen Wärme aus, weswegen sie andere Menschen anziehen. Sie helfen ihnen oftmals, persönliche Probleme zu lösen.

Doch *Berater* neigen dazu, gutgläubig zu sein und die Welt durch eine rosarote Brille zu betrachten. Da sie ständig auf andere Menschen fixiert sind, vergessen sie oftmals ihre eigenen Bedürfnisse.

Natürliche Veranlagungen des *Beraters*

- Die Quelle seiner Lebensenergie: seine äußere Welt.
- Informationsaufnahme: Intuition.
- Art und Weise wie Entscheidungen getroffen werden: Herz.
- Lebensstil: organisiert.

Ähnliche Persönlichkeitstypen

- *Enthusiast*
- *Mentor*
- *Idealist*

Statistische Angaben

- *Berater* stellen ca. 3-5 % der Gesellschaft dar.
- Unter *Beratern* überwiegen Frauen (80 %).
- Das Land, welches dem Profil des *Beraters* entspricht, ist Frankreich.

Buchstaben-Code

Der universelle Code des *Beraters* ist in den Jungschen Persönlichkeitstypologien ENFJ.

Mehr:
Jarosław Jankowski
Ihr Persönlichkeitstyp: Berater (ENFJ)

Der Betreuer (ISFJ)

Lebensmotto: *Mir liegt viel an deinem Glück.*

Herzlich, bescheiden, vertrauenswürdig und überaus loyal. An erster Stelle stehen für *Betreuer* andere Menschen. Sie erkennen ihre Bedürfnisse und möchten ihnen helfen. Sie sind praktisch, gut organisiert und verantwortungsbewusst. Ferner zeichnen sie sich durch Geduld, Fleiß und Ausdauer aus. Sie führen ihre Pläne zu Ende.

Betreuer bemerken und prägen sich Details ein. Sie schätzen Ruhe, Stabilität und freundschaftliche Beziehungen zu anderen Menschen. Darüber hinaus vermögen sie es, Brücken zwischen Menschen zu bauen. Sie vertragen nur schlecht Kritik und Konflikte. *Betreuer* verfügen über ein starkes Pflichtbewusstsein und sind stets bereit anderen zu helfen. Manchmal werden sie von anderen ausgenutzt.

Natürliche Veranlagungen des *Betreuers*

- Die Quelle seiner Lebensenergie: sein Inneres.
- Informationsaufnahme: Sinne.
- Art und Weise wie Entscheidungen getroffen werden: Herz.
- Lebensstil: organisiert.

DIE 16 PERSÖNLICHKEITSTYPEN IM ÜBERBLICK

Ähnliche Persönlichkeitstypen

- *Künstler*
- *Anwalt*
- *Moderator*

Statistische Angaben

- *Betreuer* stellen ca. 8-12 % der Gesellschaft dar.
- Unter *Betreuern* überwiegen Frauen (70 %).
- Das Land, welches dem Profil des *Betreuers* entspricht, ist Schweden.

Buchstaben-Code

Der universelle Code des *Betreuers* ist in den Jungschen Persönlichkeitstypologien ISFJ.

Mehr:

Jarosław Jankowski
Ihr Persönlichkeitstyp: Betreuer (ISFJ)

Der Direktor (ENTJ)

Lebensmotto: *Ich sage euch, was zu tun ist!*

Unabhängig, aktiv und entschieden. Rational, logisch und kreativ. *Direktoren* betrachten analysierte Probleme in einem breiteren Kontext und sind imstande, die Konsequenzen von menschlichem Verhalten vorherzusehen. Sie zeichnen sich durch Optimismus und eine gesunde Selbstsicherheit aus. Sie können theoretische Konzepte in konkrete, praktische Pläne umwandeln.

Visionäre, Mentoren und Organisatoren. *Direktoren* verfügen über natürliche Führungsqualitäten.

IHR PERSÖNLICHKEITSTYP: MODERATOR (ESFP)

Ihre starke Persönlichkeit, ihr kritisches Urteilsvermögen sowie ihre Direktheit verunsichern andere Menschen häufig und führen zu Problemen bei zwischenmenschlichen Beziehungen.

Natürliche Veranlagungen des *Direktors*

- Die Quelle seiner Lebensenergie: seine äußere Welt.
- Informationsaufnahme: Intuition.
- Art und Weise wie Entscheidungen getroffen werden: Verstand.
- Lebensstil: organisiert.

Ähnliche Persönlichkeitstypen

- *Reformer*
- *Stratege*
- *Logiker*

Statistische Angaben

- *Direktoren* stellen ca. 2-5 % der Gesellschaft dar.
- Unter *Direktoren* überwiegen Männer (70 %).
- Das Land, welches dem Profil des *Direktors* entspricht, sind die Niederlande.

Buchstaben-Code

Der universelle Code des *Direktors* ist in den Jungschen Persönlichkeitstypologien ENTJ.

Mehr:

Jarosław Jankowski
Ihr Persönlichkeitstyp: Direktor (ENTJ)

Der Enthusiast (ENFP)

Lebensmotto: *Wir schaffen das!*

Energisch, enthusiastisch und optimistisch. Sie sind lebensfreudig und sind mit den Gedanken in der Zukunft. Dynamisch, scharfsinnig und kreativ. *Enthusiasten* mögen Menschen und schätzen ehrliche und authentische Beziehungen. Sie sind herzlich und emotional. *Enthusiasten* können aber schlecht mit Kritik umgehen. Sie verfügen über Empathie und erkennen die Bedürfnisse, Emotionen und Motive anderer Menschen. Sie inspirieren und stecken andere mit ihrem Enthusiasmus an.

Enthusiasten mögen es, im Zentrum der Aufmerksamkeit zu sein. Sie sind flexibel und vermögen es, zu improvisieren. Sie neigen zu idealistischen Ideen. *Enthusiasten* lassen sich einfach ablenken und haben Probleme damit, viele Angelegenheiten zu Ende zu bringen.

Natürliche Veranlagungen des *Enthusiasten*

- Die Quelle seiner Lebensenergie: seine äußere Welt.
- Informationsaufnahme: Intuition.
- Art und Weise wie Entscheidungen getroffen werden: Herz.
- Lebensstil: spontan.

Ähnliche Persönlichkeitstypen

- *Berater*
- *Idealist*
- *Mentor*

Statistische Angaben

- *Enthusiasten* stellen ca. 5-8 % der Gesellschaft dar.
- Unter *Enthusiasten* überwiegen Frauen (60 %).
- Das Land, welches dem Profil des *Enthusiasten* entspricht, ist Italien.

Buchstaben-Code

Der universelle Code des *Enthusiasten* ist in den Jungschen Persönlichkeitstypologien ENFP.

Mehr:

Jarosław Jankowski
Ihr Persönlichkeitstyp: Enthusiast (ENFP)

Der Idealist (INFP)

Lebensmotto: *Man kann anders leben.*

Sensibel, loyal und kreativ. Sie möchten im Einklang mit ihren Werten leben. *Idealisten* interessieren sich für die spirituelle Wirklichkeit und gehen den Geheimnissen des Lebens nach. Sie nehmen sich die Probleme der Welt zu Herzen und stehen Bedürfnissen anderer Menschen offen gegenüber. *Idealisten* schätzen Harmonie und Ausgeglichenheit.

Sie sind romantisch und dazu fähig, ihre Liebe zu anderen zu äußern, wobei sie selbst auch Wärme und Zärtlichkeit brauchen. Sie vermögen es, Motive und Gefühle anderer Menschen hervorragend zu erkennen. *Idealisten* bauen gesunde, tiefgründige und dauerhafte Beziehungen auf. In Konfliktsituationen verlieren sie den Boden unter den Füßen. Sie können Kritik und Stress nicht vertragen.

Natürliche Veranlagungen des *Idealisten*

- Die Quelle seiner Lebensenergie: seine innere Welt.
- Informationsaufnahme: Intuition.
- Art und Weise wie Entscheidungen getroffen werden: Herz.
- Lebensstil: spontan.

Ähnliche Persönlichkeitstypen

- *Mentor*
- *Enthusiast*
- *Berater*

Statistische Angaben

- *Idealisten* stellen ca. 1-4 % der Gesellschaft dar.
- Unter *Idealisten* überwiegen Frauen (60 %).
- Das Land, welches dem Profil des *Idealisten* entspricht, ist Thailand.

Buchstaben-Code

Der universelle Code des *Idealisten* ist in den Jungschen Persönlichkeitstypologien INFP.

Mehr:

Jarosław Jankowski
Ihr Persönlichkeitstyp: Idealist (INFP)

Der Inspektor (ISTJ)

Lebensmotto: *Die Pflicht geht vor.*

Menschen, auf die man sich immer verlassen kann. Wohlerzogen, pünktlich, zuverlässig, gewissenhaft, verantwortungsbewusst – die Zuverlässigkeit in Person. Analytisch, methodisch, systematisch und logisch. *Inspektoren* werden als beherrschte, kühle und ernsthafte Menschen angesehen. Sie schätzen Ruhe, Stabilität und Ordnung. *Inspektoren* mögen keine Veränderungen, dafür aber klare und konkrete Regeln.

Sie sind arbeitsam und ausdauernd, weswegen sie Angelegenheiten zu Ende bringen können. Es sind Perfektionisten, die über alles die Kontrolle haben möchten. Sie äußern sparsam Lob und sind nicht imstande, der Wichtigkeit der Gefühle und Emotionen anderer Menschen die gebürtige Beachtung zu schenken.

Natürliche Veranlagungen des *Inspektors*

- Die Quelle seiner Lebensenergie: seine innere Welt.
- Informationsaufnahme: Sinne.
- Art und Weise wie Entscheidungen getroffen werden: Verstand.
- Lebensstil: organisiert.

Ähnliche Persönlichkeitstypen

- *Praktiker*
- *Verwalter*
- *Animateur*

Statistische Angaben

- *Inspektoren* stellen ca. 6-10 % der Gesellschaft dar.
- Unter *Inspektoren* überwiegen Männer (60 %).
- Das Land, welches dem Profil des *Inspektors* entspricht, ist die Schweiz.

Buchstaben-Code

Der universelle Code des *Inspektors* ist in den Jungschen Persönlichkeitstypologien ISTJ.

Mehr:

Jarosław Jankowski
Ihr Persönlichkeitstyp: Inspektor (ISTJ)

Der Künstler (ISFP)

Lebensmotto: *Lasst uns etwas erschaffen!*

Sensibel, kreativ und originell. Sie haben ein Gefühl für Ästhetik und angeborene künstlerische Fähigkeiten. Unabhängig – *Künstler* agieren nach ihrem eigenen Wertesystem und ordnen sich keinerlei Druck von außen unter. Sie sind optimistisch und verfügen über eine positive Lebenseinstellung, weswegen sie jeden Augenblick genießen können.

Sie sind glücklich, wenn sie anderen helfen können. Abstrakte Theorien langweilen sie, denn *Künstler* ziehen es vor, die Realität zu erschaffen und nicht über sie zu sprechen. Es fällt ihnen jedoch weitaus leichter, neue Pläne zu realisieren, als bereits begonnene abzuschließen. Sie haben Schwierigkeiten, ihre eigenen Bedürfnisse und Wünsche zu äußern.

IHR PERSÖNLICHKEITSTYP: MODERATOR (ESFP)

Natürliche Veranlagungen des *Künstlers*

- Die Quelle seiner Lebensenergie: seine innere Welt.
- Informationsaufnahme: Sinne.
- Art und Weise wie Entscheidungen getroffen werden: Herz.
- Lebensstil: spontan.

Ähnliche Persönlichkeitstypen

- *Betreuer*
- *Moderator*
- *Anwalt*

Statistische Angaben

- *Künstler* stellen ca. 6-9 % der Gesellschaft dar.
- Unter *Künstlern* überwiegen Frauen (60 %).
- Das Land, welches dem Profil des *Künstlers* entspricht, ist China.

Buchstaben-Code

Der universelle Code des *Künstlers* ist in den Jungschen Persönlichkeitstypologien ISFP.

Mehr:

Jarosław Jankowski
Ihr Persönlichkeitstyp: Künstler (ISFP)

Der Logiker (INTP)

Lebensmotto: *Man muss vor allem die Wahrheit über die Welt kennenlernen.*

Originell, einfallsreich und kreativ. *Logiker* mögen es, theoretische Probleme zu lösen. Sie sind analytisch, scharfsinnig und begegnen neuen Ideen mit Begeisterung. *Logiker* vermögen es, einzelne Phänomene zu verbinden und mithilfe von ihnen allgemeine Regeln und Theorien aufzustellen. Sie agieren logisch, präzise und tiefgründig. Unklare Zusammenhänge und Inkonsequenzen werden von ihnen schnell erkannt.

Sie sind unabhängig und skeptisch gegenüber bereits vorliegenden Lösungen sowie Autoritäten. Zugleich sind sie tolerant und offen für neue Herausforderungen. Versunken in Gedanken verlieren sie ab und an den Kontakt zur Außenwelt.

Natürliche Veranlagungen des *Logikers*

- Die Quelle seiner Lebensenergie: seine innere Welt.
- Informationsaufnahme: Intuition.
- Art und Weise wie Entscheidungen getroffen werden: Verstand.
- Lebensstil: spontan.

Ähnliche Persönlichkeitstypen

- *Stratege*
- *Reformer*
- *Direktor*

Statistische Angaben

- *Logiker* stellen ca. 2-3 % der Gesellschaft dar.
- Unter *Logikern* überwiegen Männer (80 %).
- Das Land, welches dem Profil des *Logikers* entspricht, ist Indien.

Buchstaben-Code

Der universelle Code des *Logikers* ist in den Jungschen Persönlichkeitstypologien INTP.

Mehr:

Jarosław Jankowski
Ihr Persönlichkeitstyp: Logiker (INTP)

Der Mentor (INFJ)

Lebensmotto: *Die Welt könnte besser sein!*

Kreativ, sensibel, auf die Zukunft fixiert. *Mentoren* sehen Möglichkeiten, die andere Menschen nicht erkennen. Es sind Idealisten und Visionäre, die sich darauf konzentrieren, Menschen zu helfen. Pflichtbewusst und verantwortungsbewusst, zugleich auch höflich, fürsorglich und freundschaftlich. Sie versuchen, die Mechanismen der Weltordnung zu verstehen und betrachten Probleme aus einer breiten Perspektive.

Hervorragende Zuhörer und Beobachter. Sie zeichnen sich aus durch Empathie, Intuition und Vertrauen in Menschen. *Mentoren* sind imstande, Gefühle und Emotionen zu lesen, können wiederum aber nur schlecht Kritik annehmen und sich in Konfliktsituationen zurechtfinden. Andere können sie gelegentlich als enigmatisch empfinden.

Natürliche Veranlagungen des *Mentors*

- Die Quelle seiner Lebensenergie: seine innere Welt.
- Informationsaufnahme: Intuition.
- Art und Weise wie Entscheidungen getroffen werden: Herz.
- Lebensstil: organisiert.

Ähnliche Persönlichkeitstypen

- *Idealist*
- *Berater*
- *Enthusiast*

Statistische Angaben

- *Mentoren* stellen ca. 1 % der Gesellschaft dar und sind damit der seltenste Persönlichkeitstyp.
- Unter *Mentoren* überwiegen Frauen (80 %).
- Das Land, welches dem Profil des *Logikers* entspricht, ist Norwegen.

Buchstaben-Code

Der universelle Code des *Mentors* ist in den Jungschen Persönlichkeitstypologien INFJ.

Mehr:

Jarosław Jankowski
Ihr Persönlichkeitstyp: Mentor (INFJ)

Der Moderator (ESFP)

Lebensmotto: *Heute ist der richtige Zeitpunkt!*

Optimistisch, energisch und offen gegenüber Menschen. *Moderatoren* sind lebenslustig und haben gerne Spaß. Sie sind praktisch, zugleich aber auch flexibel und spontan. Sie mögen Veränderungen und neue Erfahrungen. Einsamkeit, Stagnation und Routine hingegen vertragen sie eher schlecht. *Moderatoren* mögen es, im Zentrum der Aufmerksamkeit zu stehen.

Sie verfügen über ein natürliches Schauspieltalent und über die Gabe, interessant und packend zu berichten. Indem sie sich auf das Hier und Jetzt konzentrieren verlieren sie manchmal langfristige Ziele aus den Augen. Sie neigen dazu, Konsequenzen ihres Handelns nicht richtig einschätzen zu können.

Natürliche Veranlagungen des *Moderators*

- Die Quelle seiner Lebensenergie: seine äußere Welt.
- Informationsaufnahme: Sinne.
- Art und Weise wie Entscheidungen getroffen werden: Herz.
- Lebensstil: spontan.

Ähnliche Persönlichkeitstypen

- *Anwalt*
- *Künstler*
- *Betreuer*

Statistische Angaben

- *Moderatoren* stellen ca. 8-13 % der Gesellschaft dar.
- Unter *Moderatoren* überwiegen Frauen (60 %).
- Das Land, welches dem Profil des *Moderators* entspricht, ist Brasilien.

Buchstaben-Code

Der universelle Code des *Moderators* ist in den Jungschen Persönlichkeitstypologien ESFP.

Mehr:

Jarosław Jankowski
Ihr Persönlichkeitstyp: Moderator (ESFP)

Der Praktiker (ISTP)

Lebensmotto: *Taten sind wichtiger als Worte.*

Optimistisch, spontan und mit einer positiven Lebenseinstellung. Beherrschte und unabhängige Menschen, die ihren eigenen Überzeugungen treu sind und äußeren Normen und Regeln skeptisch gegenüberstehen. *Praktiker* sind nicht an Theorien oder Überlegungen bzgl. der Zukunft interessiert. Sie ziehen es vor, konkrete und handfeste Probleme zu lösen.

Sie passen sich gut an neue Orte und Situationen an und mögen Herausforderungen und das Risiko. Ferner vermögen sie es, bei Gefahr einen kühlen Kopf zu behalten. Ihre Wortkargheit und extreme Zurückhaltung bei der Äußerung von Meinungen bewirken, dass sie für andere Menschen manchmal unverständlich erscheinen.

Natürliche Veranlagungen des *Praktikers*

- Die Quelle seiner Lebensenergie: seine innere Welt.
- Informationsaufnahme: Sinne.
- Art und Weise wie Entscheidungen getroffen werden: Verstand.
- Lebensstil: spontan.

Ähnliche Persönlichkeitstypen

- *Inspektor*
- *Animateur*
- *Verwalter*

Statistische Angaben

- *Praktiker* stellen ca. 6-9 % der Gesellschaft dar.
- Unter *Praktiker* überwiegen Männer (60 %).
- Das Land, welches dem Profil des *Praktikers* entspricht, ist Singapur.

Buchstaben-Code

Der universelle Code des *Praktikers* ist in den Jungschen Persönlichkeitstypologien ISTP.

Mehr:

Jarosław Jankowski
Ihr Persönlichkeitstyp: Praktiker (ISTP)

Der Reformer (ENTP)

Lebensmotto: *Und wenn man versuchen würde, es anders zu machen?*

Ideenreich, originell und unabhängig. *Reformer* sind Optimisten. Sie sind energisch und unternehmerisch. Wahrhaftige Tatmenschen, die gerne im Zentrum des Geschehens sind und „unlösbare Probleme" lösen. Sie sind an der Welt interessiert, risikofreudig und ungeduldig. Visionäre, die offen für neue Ideen sind. Sie mögen neue Erfahrungen und Experimente. Ferner erkennen sie die Verbindungen zwischen einzelnen Ereignissen und sind mit ihren Gedanken in der Zukunft.

Spontan, kommunikativ und selbstsicher. *Reformer* neigen dazu, ihre eigenen Fähigkeiten zu überschätzen. Darüber hinaus haben sie Probleme damit, etwas zu Ende zu bringen.

Natürliche Veranlagungen des *Reformers*

- Die Quelle seiner Lebensenergie: seine äußere Welt.
- Informationsaufnahme: Intuition.
- Art und Weise wie Entscheidungen getroffen werden: Verstand.
- Lebensstil: spontan.

Ähnliche Persönlichkeitstypen

- *Direktor*
- *Logiker*
- *Stratege*

Statistische Angaben

- *Reformer* stellen ca. 3-5 % der Gesellschaft dar.
- Unter *Reformern* überwiegen Männer (70 %).
- Das Land, welches dem Profil des *Reformers* entspricht, ist Israel.

Buchstaben-Code

Der universelle Code des *Reformers* ist in den Jungschen Persönlichkeitstypologien ENTP.

Mehr:

Jarosław Jankowski
Ihr Persönlichkeitstyp: Reformer (ENTP)

Der Stratege (INTJ)

Lebensmotto: *Das lässt sich perfektionieren!*

Unabhängige, herausragende Individualisten, die über unglaublich viel Energie verfügen. Sie sind kreativ und einfallsreich. Von anderen werden sie als kompetente und selbstsichere Menschen angesehen, wenngleich sie distanziert und enigmatisch wirken. *Strategen* betrachten alle Angelegenheiten aus einer breiten Perspektive. Sie möchten ihre Umwelt perfektionieren und ordnen.

Strategen sind gut organisiert, verantwortungsbewusst, kritisch und anspruchsvoll. Es ist schwer, sie aus dem Gleichgewicht zu bringen. Zugleich ist es aber auch nicht einfach, sie völlig zufrieden zu stellen. Ihre Natur erschwert es ihnen, die Gefühle und Emotionen anderer Menschen zu erkennen.

DIE 16 PERSÖNLICHKEITSTYPEN IM ÜBERBLICK

Natürliche Veranlagungen des *Strategen*

- Die Quelle seiner Lebensenergie: seine innere Welt.
- Informationsaufnahme: Intuition.
- Art und Weise wie Entscheidungen getroffen werden: Verstand.
- Lebensstil: organisiert.

Ähnliche Persönlichkeitstypen

- *Logiker*
- *Direktor*
- *Reformer*

Statistische Angaben

- *Strategen* stellen ca. 1-2 % der Gesellschaft dar.
- Unter *Strategen* überwiegen Männer (80 %).
- Das Land, welches dem Profil des *Strategen* entspricht, ist Finnland.

Buchstaben-Code

Der universelle Code des *Strategen* ist in den Jungschen Persönlichkeitstypologien INTJ.

Mehr:

Jarosław Jankowski
Ihr Persönlichkeitstyp: Stratege (INTJ)

Der Verwalter (ESTJ)

Lebensmotto: *Erledigen wir diese Aufgabe!*

Fleißig, verantwortungsbewusst und überaus loyal. Energisch und entschieden. Sie schätzen Ordnung, Stabilität, Sicherheit und klare Regeln. *Verwalter* sind sachlich und konkret. Sie sind logisch, rational und praktisch. Sie vermögen es, sich eine große Menge detaillierter Informationen anzueignen.

Hervorragende Organisatoren, die Ineffizienz, Verschwendung und Faulheit nicht dulden. Sie sind ihren Überzeugungen treu und aufgeschlossen gegenüber anderen Menschen. Sie legen ihre Meinung entschieden dar und üben offen Kritik aus, weswegen sie manchmal ungewollt andere Menschen verletzen.

Natürliche Veranlagungen des *Verwalters*

- Die Quelle seiner Lebensenergie: seine äußere Welt.
- Informationsaufnahme: Sinne.
- Art und Weise wie Entscheidungen getroffen werden: Verstand.
- Lebensstil: organisiert.

Ähnliche Persönlichkeitstypen

- *Animateur*
- *Inspektor*
- *Praktiker*

DIE 16 PERSÖNLICHKEITSTYPEN IM ÜBERBLICK

Statistische Angaben

- *Verwalter* stellen ca. 10-13 % der Gesellschaft dar.
- Unter *Verwaltern* überwiegen Männer (60 %).
- Das Land, welches dem Profil des *Verwalters* entspricht, sind die USA.

Buchstaben-Code

Der universelle Code des *Verwalters* ist in den Jungschen Persönlichkeitstypologien ESTJ.

Mehr:

Jarosław Jankowski
Ihr Persönlichkeitstyp: Verwalter (ESTJ)

Anhang

Die vier natürlichen Veranlagungen

1. Dominierende Quelle der Lebensenergie

    o ÄUSSERE WELT
    Menschen, die ihre Energie aus der Umwelt schöpfen, die Aktivitäten und Kontakt mit anderen Menschen benötigen. Sie vertragen längere Einsamkeit nur schlecht.

    o INNERE WELT
    Menschen, die ihre Energie aus ihrem Innern schöpfen, die Ruhe und Einsamkeit brauchen. Sie fühlen sich erschöpft, wenn sie längere Zeit mit anderen Menschen verbringen.

ANHANG

2. Dominierende Art, Informationen aufzunehmen

    o SINNE
    Menschen, die auf ihre fünf Sinne vertrauen. Sie glauben an Fakten und Beweise und mögen erprobte Methoden sowie praktische und konkrete Aufgaben. Sie sind Realisten, die sich auf ihre Erfahrung stützen.

    o INTUITION
    Menschen, die auf ihren sechsten Sinn vertrauen. Sie lassen sich durch Vorahnungen leiten und mögen innovative Lösungen sowie Probleme theoretischer Natur. Sie zeichnen sich durch eine kreative Herangehensweise sowie die Fähigkeit aus, Dinge vorherzusehen.

3. Dominierende Art, Entscheidungen zu treffen

    o VERSTAND
    Menschen, die sich nach ihrer Logik und objektiven Regeln richten. Sie sind kritisch und direkt, wenn sie ihre Meinung äußern.

    o HERZ
    Menschen, die sich nach ihren Empfindungen und Werten richten. Sie streben nach Harmonie und Einverständnis mit anderen.

IHR PERSÖNLICHKEITSTYP: MODERATOR (ESFP)

4. Dominierender Lebensstil

- ORGANISIERT
  Menschen, die pflichtbewusst und organisiert sind. Sie schätzen Ordnung und mögen es, nach Plan zu handeln.

- SPONTAN
  Flexible Menschen, die ihre Freiheit schätzen. Sie erfreuen sich des Augenblicks und finden sich gut in neuen Situationen zurecht.

Geschätzter Anteil der einzelnen Persönlichkeitstypen an der Bevölkerung (in %)

Persönlichkeitstyp	Anteil
Animateur (ESTP):	6 – 10 %
Anwalt (ESFJ):	10 – 13 %
Berater (ENFJ):	3 – 5 %
Betreuer (ISFJ):	8 – 12 %
Direktor (ENTJ):	2 – 5 %
Enthusiast (ENFP):	5 – 8 %
Idealist (INFP):	1 – 4 %
Inspektor (ISTJ):	6 – 10 %
Künstler (ISFP):	6 – 9 %
Logiker (INTP):	2 – 3 %
Mentor (INFJ):	ca. 1 %
Moderator (ESFP):	8 – 13 %
Praktiker (ISTP):	6 – 9 %
Reformer (ENTP):	3 – 5 %

Stratege (INTJ): 1 – 2 %
Verwalter (ESTJ): 10 – 13 %

Geschätztes prozentuales Verhältnis von Frauen und Männern je nach Persönlichkeitstyp

Persönlichkeitstyp Frauen/Männer

Animateur (ESTP): 40 % / 60 %
Anwalt (ESFJ): 70 % / 30 %
Berater (ENFJ): 80 % / 20 %
Betreuer (ISFJ): 70 % / 30 %
Direktor (ENTJ): 30 % / 70 %
Enthusiast (ENFP): 60 % / 40 %
Idealist (INFP): 60 % / 40 %
Inspektor (ISTJ): 40 % / 60 %
Künstler (ISFP): 60 % / 40 %
Logiker (INTP): 20 % / 80 %
Mentor (INFJ): 80 % / 20 %
Moderator (ESFP): 60 % / 40 %
Praktiker (ISTP): 40 % / 60 %
Reformer (ENTP): 30 % / 70 %
Stratege (INTJ): 20 % / 80 %
Verwalter (ESTJ): 40 % / 60 %

Literaturverzeichnis

- Arraj, J. (1990): *Tracking the Elusive Human, Volume 2: An Advanced Guide to the Typological Worlds of C. G. Jung, W.H. Sheldon, Their Integration, and the Biochemical Typology of the Future.* Midland, OR: Inner Growth Books.
- Arraj, J. / Arraj, T. (1988): *Tracking the Elusive Human, Volume 1: A Practical Guide to C.G. Jung's Psychological Types, W.H. Sheldon's Body and Temperament Types and Their Integration.* Chiloquin, OR: Inner Growth Books.
- Berens, L. V. / Cooper, S. A. / Ernst, L. K. / Martin, C. R. / Myers, S. / Nardi, D. / Pearman, R. R./Segal, M./Smith, M. A. (2002): *Quick Guide to the 16 Personality Types in Organizations: Understanding Personality Differences in the Workplace.* Fountain Valley, CA: Telos Publications.
- Geier, J. G./Downey, D. E. (1989): *Energetics of Personality*: Success Through Quality

Action. Minneapolis, MN: Aristos Publishing House.

- Hunsaker, P. L. / Alessandra, T. (1986): *The Art of Managing People*. New York, NY: Simon and Schuster.
- Jung, C. G. (1995): *Psychologische Typen*. Ostfildern: Patmos Verlag.
- Kise, J. A. G. / Krebs Hirsh, S. / Stark, D. (2005): *LifeKeys: Discover Who You Are*. Bloomington, MN: Bethany House.
- Kroeger, O. / Thuesen, J. M. (1988): *Type Talk or How to Determine Your Personality Type and Change Your Life*. New York, NY: Delacorte Press.
- Lawrence, G. D. (1997): *Looking at Type and Learning Styles*. Gainesville, FL: Center for Applications of Psychological Type.
- Lawrence, G. D. (1993): *People Types and Tiger Stripes*. Gainesville, FL: Center for Applications of Psychological Type.
- Maddi, S. R. (2001): *Personality Theories: A Comparative Analysis*. Long Grove, IL: Waveland Press.
- Martin, C. R. (2001): *Looking at Type: The Fundamentals Using Psychological Type To Understand and Appreciate Ourselves and Others*. Gainesville, FL: Center for Applications of Psychological Type.
- Meier, C. A. (1986): *Persönlichkeit: Der Individuationsprozess im Lichte der Typologie C. G. Jungs*. Einsiedeln: Daimon.
- Pearman, R. R. / Albritton, S. C. (2010): *I'm Not Crazy, I'm Just Not You: The Real Meaning*

of the Sixteen Personality Types. Boston, MA: Nicholas Brealey Publishing.
- Segal, M. (2001): *Creativity and Personality Type: Tools for Understanding and Inspiring the Many Voices of Creativity*. Fountain Valley, CA: Telos Publications.
- Sharp, D. (1987): *Personality Type: Jung's Model of Typology*. Toronto: Inner City Books.
- Spoto, A. (1995): *Jung's Typology in Perspective*. Asheville, NC: Chiron Publications.
- Tannen, D. (1990): *You Just Don't Understand*: Women and Men in Conversation. New York, NY: William Morrow and Company.
- Thomas, J. C. / Segal, D. L. (2005): *Comprehensive Handbook of Personality and Psychopathology, Personality and Everyday Functioning*. Hoboken, NJ: Wiley.
- Thomson, L. (1998): *Personality Type: An Owner's Manual*. Boston, MA: Shambhala.
- Tieger, P. D./Barron-Tieger, B. (2000): *Just Your Type: Create the Relationship You've Always Wanted Using the Secrets of Personality Type*. New York, NY: Little, Brown and Company.
- Von Franz, M.-L./Hillman, J. (1971): *Lectures on Jung's Typology*. New York, NY: Continuum International Publishing Group.

Der Leser steht an erster Stelle.

Eine Autorenkampagne
der Alliance of Independent Authors

www.ingramcontent.com/pod-product-compliance
Lightning Source LLC
Chambersburg PA
CBHW031210020426
42333CB00013B/869